Ursula Prodinger
Elke Reith

NÄHIDEEN aus Wachstuch

Praktisches für drinnen und draußen

CV

VORWORT

Wachstuch ist Trend. Der vielseitig einsetzbare Stoff wird in tollen modernen Farben und Mustern angeboten. Da ist für jeden Geschmack etwas dabei! Und praktisch ist Wachstuch auf jeden Fall. Feuchtigkeit kann ihm nichts anhaben. Deshalb eignet es sich sehr gut für Regencapes und Badzubehör. Aber es muss nicht immer von der praktischen Seite her gedacht werden. Federmäppchen und Sitzsäcke profitieren gleichermaßen von diesem tollen Material. Und selbst Garderoben oder kleine Schränckchen werden, bezogen mit gemustertem Wachstuch, zum Hingucker in jeder Wohnung.
Lassen Sie Ihrer Fantasie freien Lauf und setzen Sie das Material nach Lust und Laune ein. Dieses Buch liefert die nötige Inspiration. Damit Sie Wachstuch oder beschichteten Stoff mit Freude und Erfolg vernähen können, haben wir auf Seite 76/77 einige wissenswerte Tipps für Sie zusammengestellt!
Viel Spaß beim Nacharbeiten!

Elke Reith

Ursula Prodinger

INHALT

Beach

NEUE MITBEWOHNER

Superschön und besonders stylisch sind diese potentiellen neuen Mitbewohner. Sie werten mit Stilsicherheit jeden Wohnraum auf oder begleiten uns im Alltag. Wer kann da noch widerstehen? Die dürfen sofort einziehen!

Beach
ISPEJIMAS
VAROVANI
VAROVANIE
RUS
ЗАСТЕРЕЖЕННЯ
BRIDINAJUMS
fashy

LASS UNS PLANSCHEN!

Rucksack für Badesachen

Größe: ca. 43 x 49 x 7 cm · **Schwierigkeit:** anspruchsvoll · **Vorlage** 1 auf Bogen A

Material

- 50 x 135 cm Wachstuch in Mint mit weißen Sternen
- 60 x 140 cm Baumwollstoff in Mint
- 35 cm Reißverschlussband (Meterware) und 1 Schieber
- 4 m Kordel in Blau-Weiß, 6 mm Ø
- 2 silberfarbige Ösen, 11 mm Ø
- ca. 25 cm Webband in Mint mit Maßband-Druck
- ca. 18 cm Webband in Schwarz-Weiß
- 1 ausgedienter Schwimmflügel
- doppelseitiges Klebeband für den Nähbedarf, 4 mm breit
- 2 große Holzperlen
- evtl. 1 Namensschild
- evtl. Perlen- oder/und Fisch-Anhänger

Zuschneiden

1 cm breite Nahtzugaben sind im Schnittteil und den Zuschnittmaßen bereits enthalten.

Aus Wachstuch in Mint mit weißen Punkten:

Vorder- & Rückseite	1x im Stoffbruch (Außenseite)
Außentasche	1 Rechteck: 45 x 30 cm (Oberseite)
Reißverschlussbelege	2 Rechtecke: 5 x 6 cm
Kordellaschen	2 Rechtecke: 5 x 6 cm

Aus Baumwollstoff in Mint:

Vorder- & Rückseite	1x im Stoffbruch (Innenseite)
Außentasche	1 Rechteck: 45 x 30 cm (Futter)
Tunnelzug	2 Streifen: 10 x 44 cm

So geht's

1 Den Schieber auf den Reißverschluss ziehen. Dafür den Reißverschluss zuerst an einer Seite ca. 5 cm weit öffnen. Am Anfang einer geöffneten Bandhälfte die Reißverschlusszähnchen (nicht das Band!) ca. 1 cm weit abschneiden. Beide Reißverschlusshälften mit den Bandenden so aneinander halten, dass der Stoff zu beiden Seite auf gleicher Höhe beginnt. Den Schieber mit der breiten Seite voraus so weit auf das vollständige Band schieben, bis die Zähnchen der abgeschnittenen Bandseite ungefähr bündig mit der breitesten Stelle des Schiebers liegen. Dann die Zähnchen soweit es geht in den Schieber drücken, die Bandenden unterhalb des Schiebers festhalten und den Schieber weiter bis etwa zur Mitte auf den Reißverschluss ziehen.

2 Einen Reißverschlussbeleg an den Längsseiten rechts auf rechts falten. Den Reißverschluss mit einem Ende längs bis zur äußeren Schmalseite zwischen die Lagen schieben und an dieser Schmalseite die Lagen inkl. Reißverschluss 1 cm breit zusammensteppen. Nahtzugabe zurückschneiden, Ecke abschrägen.

3 Den Beleg, vom Reißverschluss weg, links auf links wenden und die offenen Kanten evtl. zusammenheften. Das andere Reißverschlussende genauso versäubern.

4 Reißverschluss rechts auf rechts an die obere Längsseite der Außentasche in Mint mit weißen Sternen legen, dann die Futter-Außentasche mit dem oberen Rand rechts auf rechts obenauf legen. Die Lagen knapp neben den Reißverschlusszähnchen – am besten mit dem Reißverschlussfuß der Nähmaschine – zusammennähen. Dann ebenfalls die unteren Längsseiten zusammennähen. Die Tasche links auf links wenden. Stoffe vom Reißverschluss weg bügeln. (Bügeltuch!) Die untere Kante flach bügeln.

5 Den Schwimmflügel an einer schmalen Seite aufschneiden. Nach Wunsch mit Bändern verzieren.

6 Den Flügel mit doppelseitigem Klebeband im Abstand von 1,5 cm zum unteren Rand mittig auf der Außentasche fixieren. Einmal mittig (= senkrecht zwischen den Stöpseln) und einmal längs am unteren Rand absteppen.

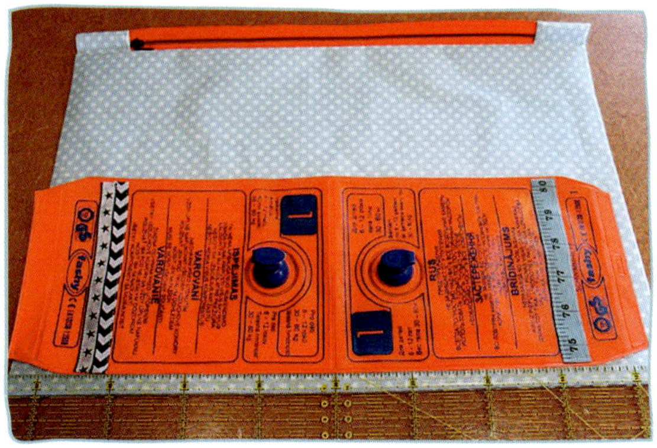

7 Die Außentasche laut Schnittmarkierung auf die Vorderseite legen. Oberen Taschenrand (= Längsseite des oberen Reißverschlussbandes) und unteren Taschenrand aufsteppen.

8 Für die Kordellaschen die Rechtecke jeweils an den Längsseiten rechts auf rechts falten und die offenen Längsseiten sowie eine Schmalseite zusammennähen. Nahtzugaben zurückschneiden, Ecke abschrägen. Die Laschen wenden. Im Abstand von ca. 1 cm zur verstürzten Schmalseite je eine Öse einschlagen. Die Laschen laut Schnittmarkierung an die Vorderseite heften, die verstürzten Schmalseiten zeigen nach innen.

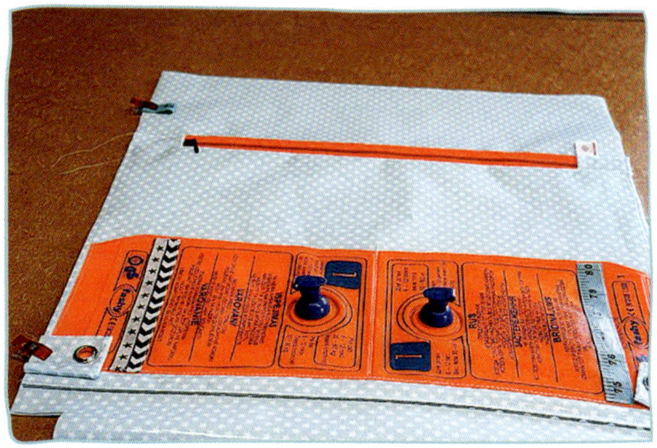

9 Für die Anhänger-Schlaufe 5 cm Webband zur Hälfte legen und laut Schnittmarkierung an die Vorderseite heften.

10 Außenseitenteil an den Schmalseiten rechts auf rechts legen. Die Seitennähte steppen.

11 Für die Bodentiefe zuerst an einer Seite die Ausschnitte auseinander ziehen, sodass die Seitennaht und die Bruchkante der unteren Mitte rechts auf rechts aufeinander liegen – die Nahtzugaben der Seitennaht auseinander legen – und die offene Kante schließen. Auf der anderen Seite wiederholen. Außenseite wenden.

12 Am Innenteil die Seitennähte sowie die Ecken genauso nähen, dabei an einer Seite ca. 20 cm zum Wenden offen lassen. Innenteil nicht wenden.

13 Für die Kordeltunnel an den Streifen jeweils die Schmalseiten zweimal 1 cm breit nach links einschlagen und feststeppen. Die Streifen jeweils an den Längsseiten links auf links falten und mit den offenen Längsseiten von außen mittig an den oberen Rand der Vorder- bzw. der Rückseite stecken, evtl. anheften.

14 Außenseite rechts auf rechts in die Innenseite stecken. Die oberen Ränder zusammennähen, dabei werden die Tunnel mitgefasst. Rucksack wenden. Wendeöffnung schließen. Die Innenseite in die Außenseite stecken. Den oberen Rand der Außen- und Innenseite rundum von rechts knappkantig absteppen.

15 Kordel halbieren und die Stücke gegenläufig durch die Tunnel ziehen. Dann auf jeder Seite zwei Kordelenden durch die Öse stecken, eine Perle auffädeln und die Kordelenden verknoten.

16 Nach Wunsch einen Namensschild an die Webbandschlaufe hängen und den Reißverschlussschieber mit einem Perlenanhänger verzieren.

CHARMANT AUFGERÄUMT

Hakenleiste mit Bogen

Größe: 48 x 13 cm · **Schwierigkeit:** mittel · **Vorlage** 2 auf Bogen A

Material

- 25 x 60 cm Wachstuch in Mint-Rot gemustert
- 3 Keramik-Möbelknäufe in Türkis
- 48 x 15 cm Leimholz, 20 mm stark
- 1 Möbeltacker mit Klammern

Sägen/Zuschneiden

4 cm Zugabe für Kanten und Umschläge sind im Stoff-Schnittteil enthalten.

Aus Leimholz:

Holzleiste	1x laut Vorlage aussägen, die Löcher für die Knäufe vorbohren

Aus Wachstuch:

Bezug	1x im Stoffbruch

So geht's

1 Die Holzleiste mittig auf die linke Seite des Wachstuch-Teils legen.

2 Zuerst den unteren Wachstuchrand auf die Rückseite der Holzleiste falten und festtackern.

3 Anschließend die seitlichen Ränder umfalten, dabei die Ecken zum unteren Rand sauber einfalten, und ebenfalls festtackern.

4 Den oberen Rand umfalten, dabei mit den geraden Kanten beginnen – den Stoff straff ziehen und die Ecken wiederum sauber einfalten. Anschließend die gerundete Kante umfalten. Damit sich die Rundung schön legt, den Stoffrand hier mehrmals quer, ca. 1,5 cm weit einschneiden. Die Stoffkante dann Stück für Stück sorgfältig auf die Holzleiste glatt ziehen und festtackern.

5 Möbelknäufe einschrauben.

IM VINTAGE-LOOK

Schränkchen

Größe: beliebig · **Schwierigkeit:** einfach

Material

- 1 keines Schränkchen in Weiß
- Wachstuch in Natur-Braun-Mint mit Streifenbordüren
- Wachstuch in Mint mit roten Mustern
- Wachstuch in Lachs mit weißen Punkten
- Wachstuch in Mint mit Vogelkäfigmotiv
- 2 Keramik-Möbelknäufe in Türkis
- doppelseitig aufbügelbares Klebevlies
- 1 Möbeltacker mit Klammern

Vorbereiten

Ein Papier-Schnittteil in Größe der oberen Deckplatte plus Plattenhöhe plus 2 cm anfertigen = Teil a.
Die Länge der Plattenaußenkante ermitteln und ein Schnittteil in dieser Länge plus 2 cm x Plattenhöhe plus 2 cm anfertigen = Teil b.
Die Schubladenfront ausmessen, ein Rechteck in dieser Größe auf die Papierschicht des Klebevlieses zeichnen und grob ausschneiden = Teil c.
Eine Raute für die Türfront auf die Papierschicht des Klebvlieses zeichnen und grob ausschneiden = Teil d.

Zuschneiden

Aus Wachstuch in Natur-Braun-Mint mit Streifenbordüren:
Teil a 1x

Aus Wachstuch in Mint mit roten Mustern:
Teil b 1x

Aus Wachstuch in Lachs mit weißen Punkten:
Klebevliesteil c auf die linke Stoffseite bügeln und das Teil exakt ausschneiden.

Aus Wachstuch in Mint mit Vogelkäfigmotiv:
Klebevliesteil d auf die linke Stoffseite bügeln, sodass ein Vogelkäfigmotiv mittig liegt. Dann das Teil exakt ausschneiden.

So geht's

1 Teil a mittig auf die Deckelplatte legen. Zuerst an einer Seite die Wachstuch-Kante auf die Plattenunterseite umlegen und bis knapp vor die Eckrundungen festtackern. Anschließend die gegenüberliegende Stoffseite straff gezogen auf die Plattenunterseite tackern. In gleicher Weise die anderen Kanten befestigen. Damit sich die Rundungen an den Ecken schön legen lassen, den Stoffrand hier mehrmals quer, ca. 1,5 cm weit einschneiden. Dann die Stoffkante Stück für Stück sorgfältig auf die Plattenunterseite glatt ziehen und festtackern.

2 Am Streifen b die Längskanten je 1 cm breit nach links umschlagen. Den Streifen straff an die Plattenkante legen und auf der Schränkchenrückseite festtackern.

3 Jeweils die Papierschicht von den Teilen c bzw. d abziehen und diese auf die Schubladen- bzw. Türfront bügeln. (Bügeltuch!)

4 An der Schubladenfront am Türknauf-Loch das Wachstuch etwas einritzen. Dort, sowie an der Tür je einen Türknauf einschrauben.

Tipp

Achtung beim Bügeln!
Die beschichtete Stoffseite immer mit einem Bügeltuch abdecken!

NIMM PLATZ!

Sitzsack

Größe: ca. 100 cm hoch, 220 cm Umfang · **Schwierigkeit:** mittel · **Vorlagen** 5a und 5b auf Bogen A

Hinweis: Teil 5a liegt in zwei Teilen auf dem Bogen. Diese an der Ansatzlinie zusammenfügen.

Material

- 235 x 140 cm Wachstuch in Schwarz mit weißen Sternen
- 70 cm Klettverschlussband in Schwarz, 20 mm breit
- 1 fertiger Innensack in passender Größe

oder für einen selbst genähten Innensack:

- 235 x 140 cm Baumwollstoff in Schwarz
- ca. 100 Liter Styroporkügelchen
- evtl. Einwegspritztüte oder Trichter mit großer Öffnung

Zuschneiden

1 cm breite Nahtzugaben sind in den Schnittteilen bereits enthalten.

Aus Wachstuch in Schwarz mit weißen Sternen:

Sackteil	3x im Stoffbruch (Außensack)
Boden	2x im Stoffbruch (Außensack)

Aus Baumwollstoff in Schwarz:

Sackteil	3x im Stoffbruch (Innensack)
Boden	2x im Stoffbruch, hier an der Bodenmitte 1 cm Nahtzuggabe hinzugeben (Innensack)

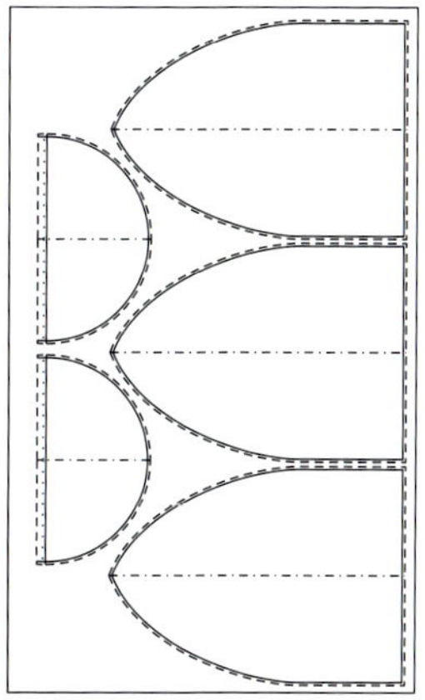

Zuschnittplan

So geht's

1 Außensack: Die drei Sackteile an den Längsseiten nebeneinander zusammennähen, dabei an der Spitze die Naht jeweils am Eckpunkt (= Schnittpunkt der Nahtlinien eines Teils) beginnen und enden, also die Nahtzugabe am Anfang und Ende frei lassen.

2 An den Bodenteilen jeweils die gerade Kante 2 cm breit nach links umschlagen und feststeppen. An einer Bodenhälfte das Klettband direkt an der Kante von rechts auf den Saum nähen, an der 2. Bodenhälfte das Flauschband ebenso von links auf den Saum nähen. Bodenhälften aufeinander kletten. Die Säume an den Seiten je mit einem 2 x 4 cm großen Rechteck zusammensteppen.

3 Den Boden rechts auf rechts an den unteren Sackrand nähen. Klettverschluss öffnen, Sack wenden.

4 Innensack: Das Sackteil wie beim Außensack beschrieben nähen, dabei an einer Naht im oberen Drittel eine ca. 25 cm große Wendeöffnung lassen.

5 Die Bodenteile rechts auf rechts legen und die Bodennaht schließen. Boden einsetzen. Innensack wenden. Die Nahtzugaben an der Wendeöffnung nach links einschlagen und diese bis auf 4 cm schließen.

6 Zum Füllen den Spritzbeutel an der Öffnung feststecken. Styroporkügelchen einfüllen. Öffnung von Hand zunähen.

7 Nun den Innensack in den Außensack stecken.

Tipp

Die Nähte beim Innensack mit recht kleinen Geradstichen nähen, eventuell sogar je zwei Nähte dicht nebeneinander nähen. So können die Styroporkügelchen später nicht so leicht durch die Nähte nach außen dringen.

Tipp

Zum Füllen den Sitzsack in einen großen Karton stellen. So steht er stabil und evtl. überlaufende Kügelchen landen im Karton, nicht in der Wohnung. Füllöffnung noch im Karton schließen. Übergelaufene Kügelchen absaugen.

HIER BLEIBT MAN HÄNGEN

Hakenleiste

Größe: 48 x 12 cm · **Schwierigkeit:** einfach

Material

- 22 x 32 cm Wachstuch in Weiß-Rosa mit Punkten und Rosen
- 22 x 32 cm Wachstuch in Lachs mit weißen Punkten
- je 1 Keramik-Möbelknauf in Flieder und Weiß
- 48 x 12 cm Leimholz, 20 mm stark
- 1 Möbeltacker mit Klammern

Zuschneiden

1 cm Nahtzugabe und je 2 cm für Kanten und Umschläge sind in den Zuschnittmaßen enthalten.

Aus Wachstuch in Weiß-Rosa mit Punkten und Rosen:
Bezug-Hälfte 1 Rechteck: 29 x 20 cm

Aus Wachstuch in Lachs mit weißen Punkten:
Bezug-Hälfte 1 Rechteck: 29 x 20 cm

So geht's

1 Die Löcher für die Möbelknäufe jeweils mittig, im Abstand von 12 cm zu den Schmalseiten vorbohren.
2 Die Bezug-Hälften an einer Schmalseite zusammennähen. Nahtzugaben auseinander legen.
3 Die Holzleiste mittig auf die linke Stoffseite des Bezugs legen.
4 Zuerst an der unteren Längsseite den Wachstuchrand auf die Rückseite der Holzleiste falten und festtackern. Danach den Stoff an der oberen Längsseite straff auf die Rückseite ziehen und befestigen. Die seitlichen Ränder umfalten und ebenfalls festtackern, dabei die Ecken sauber einfalten.
5 An den Löchern das Wachstuch etwas einritzen und die Möbelknäufe einschrauben.

ALLTAGSHELFER

Bunt und fröhlich, so sollen sie sein, die kleinen Helferlein. Blitzschnell kehrt Heiterkeit in den Alltag ein und praktisch sind sie natürlich auch noch. Dank Wachstuchstoff bleiben sie garantiert fleckenfrei und so manches Küchenmalheur ist mit einem Wisch beseitigt.

SNACK GEFÄLLIG?

Lunch-Bags

Größe: 10 x 20 cm · **Schwierigkeit:** einfach · **Skizze** 6 auf Bogen A

Hinweis: Die Anleitung bezieht sich auf den Lunch-Bag in Grün mit weißen Punkten. Die anderen beiden Modelle sind Farbvarianten und werden genauso gearbeitet.

Material

- 15 x 50 cm Wachstuch in Grün mit weißen Punkten
- 10 x 40 cm Wachstuch in Bunt gemustert
- 10 cm Klettverschlussband in Rot, 25 mm breit
- 20 cm Webband in Rot mit weißen Punkten, 18 mm breit
- Zackenschere

Zuschneiden

1 cm breite Nahtzugaben sind in den Zuschnittmaßen bereits enthalten.

Aus Wachstuch in Grün mit weißen Punkten:

Vorder- & Rückseite	1 Rechteck: 46 x 12 cm

Aus Wachstuch in Bunt gemustert:

Seitenteile	2 Rechtecke: 8 x 21 cm

So geht's

1. Das Klettverschlussband öffnen. Das Webband auf die Rückseite des Flauschbandes legen, eine Webband-Schmalseite liegt kantenbündig mit einer Flauschband-Schmalseite, die überstehende Webband-Schmalseite links auf links zur Griff-Schlaufe legen. Webband knappkantig aufsteppen.
2. 2,5 cm Klettband abschneiden. Dieses Stück Klettband, sowie das vorbereitete Flauschband laut Skizze auf die Vorder- & Rückseite steppen.
3. Die Seitenteile mit je einer Längskante links auf links an die Vorder- & Rückseite nähen (Passzahlen 1–2). Dabei an den Markierungen jeweils nur bis zum Eckpunkt der Naht nähen.
4. Das Vorder- & Rückseitenteil hochklappen und in gleicher Weise an die 2. Längskanten der Seitenteile annähen (Passzahlen 3–4).
5. Für den Boden des Lunch-Bags die unteren Ränder der Seitenteile an das Vorder- & Rückseitenteil nähen (Passzahlen 2–4). Die Naht jeweils genau im letzten Stich der Seitennähte beginnen bzw. beenden.
6. Die Nahtzugaben mit der Zackenschere auf 5 mm zurückschneiden.
7. Die oberen Kanten zweimal ca. 1,5 cm breit einrollen und den Klettverschluss schließen.

GUT GERÜSTET!

Gartentasche

Größe: 14 x 16 x 18 cm · **Schwierigkeit:** anspruchsvoll · **Schnittteile** 7a und 7b auf Bogen A

Material

- 30 x 125 cm Wachstuch in Weiß mit blauen Kreissegmenten
- 30 x 75 cm Wachstuch in Blau mit weißen Kachelmustern
- 12 x 70 cm Bauwollstoff in Blau mit Jeansoptik
- 8 x 32 cm feste aufbügelbare Einlage

Zuschneiden

1 cm breite Nahtzugaben sind in den Schnittteilen und Zuschnittmaßen bereits enthalten.

Aus Wachstuch in Weiß mit blauen Kreissegmenten:

Taschenteil	2x (Außenseite)
Zwischentasche	1x im Stoffbruch

Aus Wachstuch in Blau mit weißen Kachelmustern:

Taschenteil	1x (Innenseite)

Aus Bauwollstoff in Blau mit Jeansoptik:

Henkel	2 Streifen: 6 x 30 cm
Einfassblende	1 Streifen: 4,5 x 68 cm

Aus Einlage:

Henkel	1 Streifen: 6 x 30 cm

So geht's

1 Für die Zwischentasche das Rechteck zuerst an den Schmalseiten rechts auf rechts aufeinander legen, die Bruchkante mit den Fingern flach drücken oder einbügeln. Anschließend die Schmalseiten jeweils an den Umbruchlinien links auf links zurückfalten. An den Seiten liegen nun vier Schnittkanten aufeinander, die Nahtzugabe steht am unteren Rand über. Die seitlichen Ränder aufeinander heften.

2 Die Zwischentasche mit ihrer linken Seite an die linke Seite eines Innenteils legen. Das 2. Innenteil rechts auf rechts obenauf legen und die Seiten bis zum markierten Eckpunkt zusammennähen.

3 Die rechte Seite ebenso nähen.

4 Innenteile an der unteren Mitte rechts auf rechts aufeinander legen, dabei den unteren Rand der Zwischentasche mitfassen. Bodennaht von Naht-Eckpunkt zu Naht-Eckpunkt schließen.

5 Für die Bodentiefe zuerst an einer Ecke die Ausschnitte auseinander ziehen, sodass Seiten- und Bodennaht rechts auf rechts aufeinander liegen. Die Kante in zwei Schritten schließen: jeweils von außen bis zum Naht-Eckpunkt in der Mitte nähen. Nahtanfang und -ende gut sichern.

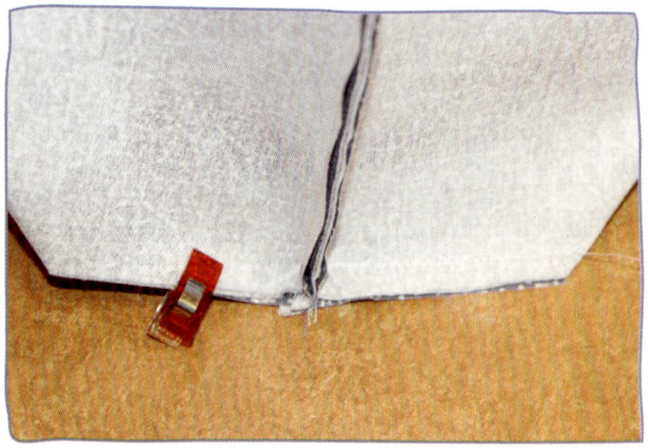

6 Die Innentasche ist fertiggestellt.

7 Außentaschenteile rechts auf rechts legen. Seitennähte und Bodennaht steppen. Die Boden-Ecken, wie bei der Innenseite beschrieben, schließen. Die Nähte hier durchgehend arbeiten.

8 Innenseite links auf links in die Außenseite stecken, die Nähte treffen aufeinander. Die oberen Ränder zusammenheften. Eine Schmalseite des Einfassstreifens 1 cm breit nach links einschlagen. Mit dieser Kante beginnen und den Streifen auf der Tascheninnenseite rechts auf rechts rundum an den oberen Rand stecken. Einfassstreifen um die Schnittkanten herum auf die Außenseite falten, Streifenlängsseite 1 cm breit einschlagen und knappkantig feststeppen.

9 Einen Henkel mit Einlage unterbügeln. Die Henkelstreifen rechts auf rechts legen und rundum, bis auf eine 8 cm breite Wendeöffnung, zusammennähen. Nahtzugaben zurückschneiden, an den Kanten abschrägen. Henkel wenden. Die Außenkanten knappkantig absteppen. Den Henkel mittig über den seitlichen Nähten von außen knapp unterhalb der Einfassblende festnähen.

SÜSSES FRÜCHTCHEN!

Schürze

Größe: 75 x 75 cm · **Schwierigkeit:** mittel · **Vorlagen** 8a–8c auf Bogen B

Material

- 80 x 80 cm Wachstuch in Gelb mit weißen Punkten
- 10 x 65 cm Wachstuch in Rot mit kleinen weißen Punkten
- 22 x 35 cm Wachstuch in Rot mit großen weißen Punkten
- 35 x 45 cm Wachstuch in Grün mit weißen Punkten
- 120 cm Baumwollgurtband in Petrol, 40 mm breit
- 250 cm vorgefalztes Baumwollschrägband in Rot-Weiß kariert, 1 cm fertige Breite
- 30 cm Paspelband in Türkis
- 65 cm Paspelband in Grün
- 60 cm Paspelband in Pink
- 17 Kunststoff-Druckknöpfe, 12 mm Ø in Schwarz
- Werkzeug für die Druckknöpfe

Zuschneiden

1 cm breite Nahtzugaben sind in den Schnittteilen und Zuschnittmaßen bereits enthalten.

Aus Wachstuch in Gelb mit weißen Punkten:

Schürze	1x im Stoffbruch

Aus Wachstuch in Rot mit kleinen weißen Punkten:

Halsschlaufe	1 Streifen: 8 x 60 cm

Aus Wachstuch in Rot mit großen weißen Punkten:

Taschenteil „Fruchtfleisch"	1x

Aus Wachstuch in Grün mit weißen Punkten:

Taschenteil „Schale"	1x
Blende am Halsrand	1 Streifen: 8 x 32 cm

So geht's

1 Das grüne Paspelband laut Schnittmarkierung am oberen Rand und an der gerundeten Kante unter das Taschenteil „Schale" legen, die Wachstuchkante von rechts offenkantig auf die Paspel steppen.

2 Das Taschenteil „Fruchtfleisch" links auf rechts bis zur Ansatzlinie auf das Taschenteil „Schale" legen. Den oberen Rand an der Umbruchkante – um den oberen Rand des Taschenteils-„Schale" herum – nach links falten. Das „Fruchtfleisch" an der gerundeten Kante knappkantig aufsteppen, dabei am oberen Rand auf der Rückseite den Umschlag mitfassen. Die schwarzen Druckknöpfe nach Belieben als „Melonenkerne" einstanzen.

3 Die Tasche laut Schnittmarkierung auf die Schürze legen und knapp neben der Paspel-Ansatznaht aufsteppen.

4 Für die Bindebänder das Baumwollgurtband halbieren. Je ein Band mit einer Schmalkante laut Schnittmarkierung bündig auf die linke Schürzenseite stecken, evtl. anheften.

5 Schürze an den Armausschnitten und an der gerundeten Schürzenkante mit Schrägband einfassen. Die Gurtbänder an der Schrägbandnaht jeweils zur Seite falten. Schrägband-Außenkante knappkantig auf das Gurtband steppen. Die offenen Gurtband-Schmalkanten zweimal 1 cm breit einschlagen und feststeppen.

6 Das pinkfarbene Paspelband rechts auf rechts an eine Längskante des Streifens für die Halsschlaufe steppen. Streifen an den Längskanten rechts auf rechts legen, die Längskanten sowie die Schmalkanten zusammennähen, dabei an der Längsseite eine Wendeöffnung lassen. Nahtzugaben zurückschneiden, Ecken abschrägen. Streifen wenden, flach bügeln und rundum knappkantig absteppen.

7 Das türkisfarbene Paspelband rechts auf rechts an den oberen Schürzenrand steppen. Die Halsschlaufe mit den Schmalkanten auf der linken Seite an den oberen Schürzenrand heften, das pinkfarbene Paspelband zeigt dabei nach außen.

8 Den Blendenstreifen für den Halsrand mit einer Längskante rechts auf rechts an den oberen Schürzenrand steppen (Paspel und Halsschlaufe werden dabei mitgefasst). Blendenstreifen rechts auf rechts zur Hälfte falten und die Schmalkanten zusammennähen. Blende links auf links wenden. Die offene Blenden-Längskante mit eingeschlagener Nahtzugabe auf der Schürzenrückseite an die Ansatznaht stecken. Von rechts im Nahtschatten der Paspel durchsteppen, dabei die Blenden-Längskante mitfassen.

9 Die Halsschlaufe nach oben legen. Die verstürzten Blendenkanten knappkantig absteppen, dabei die Halsschlaufe mitfassen.

STYLISCH VERPACKT

Abdeckhauben

Größe: 25/27/32 cm Ø · **Schwierigkeit:** mittel · **Vorlagen** 10a–10d auf Bogen A

Material

- 28 x 28 cm Wachstuch in Rot mit weißen Punkten
- 30 x 30 cm Wachstuch in Türkis mit weißen Punkten
- 35 x 35 cm Wachstuch in Hellgrün mit weißen Punkten
- 170 cm elastisches Einfassband in Pink, 10 mm breit
- 180 cm elastisches Einfassband in Gelb, 10 mm breit
- 50 cm Ziergummiband in Gelb, 10 mm breit
- 70 cm Ziergummiband in Türkis, 10 mm breit

Zuschneiden

Nahtzugaben werden nicht benötigt.

Aus Wachstuch in Rot mit weißen Punkten:

Kreis 10a — 1x im Stoffbruch (kleine Abdeckhaube)

Aus Wachstuch in Türkis mit weißen Punkten:

Halbkreis 10c — 1x (Ausguss-Beleg für die mittlere Abdeckhaube)

Kreis 10d — 1x im Stoffbruch (große Abdeckhaube)

Aus Wachstuch in Hellgrün mit weißen Punkten:

Kreis 10b — 1x im Stoffbruch (mittlere Abdeckhaube mit Ausguss-Öffnung)

Kreis 10d — 1x im Stoffbruch (große Abdeckhaube)

So geht's

Kleine Abdeckhaube in Rot mit weißen Punkten:

1 ★ Die Außenkante des Wachstuch-Kreises in gleichgroße Abschnitte einteilen: Dafür den Kreis zunächst zur Hälfte falten und an der Bruchkante auf beiden Seiten eine Stecknadel stecken. Dann den Kreis wieder auffalten, in der anderen Richtung zur Hälfte falten – die Stecknadeln treffen aufeinander – und wiederum an der Bruchkante auf beiden Seiten eine Stecknadel stecken.

2 80 cm Einfassgummiband in Pink abschneiden und an den Schmalseiten rechts auf rechts zum Ring schließen. Den Gummiband-Ring ebenfalls in gleichgroße Abschnitte einteilen.

3 Den Gummiband-Ring an die Kreis-Außenkante legen, sodass die Markierungen für die Viertelstrecken aufeinander treffen. Wachstuchkante bis zur Falzkante zwischen das Gummiband schieben und rundum in gleichmäßigen, nicht zu großen Abständen feststecken.

4 Gummiband mit Geradstichen feststeppen, dabei darauf achten, dass die Unterseite mitgefasst wird. Zwischen den Stecknadeln das Gummiband auf die Stofflänge dehnen. ●

5 Das Ziergummiband in Gelb in gleicher Weise im Abstand von 4 cm zur Außenkante auf die rechte Wachstuchseite nähen.

Mittlere Abdeckhaube in Hellgrün mit weißen Punkten:

1 Für die Ausguss-Öffnung den Halbkreis 10c laut Schnittmarkierung knappkantig auf den Kreis 10b in Hellgrün mit weißen Punkten steppen. Einschnitt aufschneiden.

2 Nun der Anleitung zur kleine Abdeckhaube ab ★ folgen, hier 90 cm Einfassgummiband in Gelb und das Ziergummiband in Türkis verwenden.

Große Abdeckhaube in Hellgrün mit weißen Punkten:

Siehe kleine Abdeckhaube von ★ bis ●, hier 90 cm Einfassgummiband in Pink verwenden.

Große Abdeckhaube in Türkis mit weißen Punkten:

Siehe kleine Abdeckhaube von ★ bis ●, hier 90 cm Einfassgummiband in Gelb verwenden.

have a seat!

ENE, MENE … MEINS!

Glasmarkierer

Größe: 8 x 8 cm · **Schwierigkeit:** einfach · **Vorlagen** 9a–9d auf Bogen A

Material

- Reste von Wachstuch in Rot-Weiß-, Türkis-Weiß-, Grün-Weiß-, Gelb-Weiß- und Lila-Weiß-gepunktet
- pro Glasmarkierer 10 x 30 cm doppelseitig aufbügelbares Klebevlies

Zuschneiden

Pro Glasmarkierer

Aus Wachstuch:

Teile 9a–9d	je 1x aus verschiedenen Farben (Oberseite)
Teil 9a	1x in einer beliebigen Farbe (Unterseite)

Aus Klebevlies:

Teile 9a–9d	je 1x

So geht's

1 Die Oberseiten-Teile 9b–9d mit dem passenden Klebevlies-Teil unterbügeln. Papierträger abziehen, dann alle Oberseiten-Teile der Größe nach mittig aufeinander bügeln. (Bügeltuch!)

2 Kreis- bzw. Blüten-Konturen knappkantig absteppen.

3 Die Unterseitenblüte mit Klebevlies bebügeln und links auf links mit der Blüten-Oberseite zusammenbügeln. Außenkanten knappkantig zusammensteppen.

4 Laut Vorlage den Schlitz einschneiden und das Loch ausschneiden. Knappkantig neben Schlitz- und Lochkante absteppen.

BAD
60
4

BADBEGLEITER

Plitschplatsch Badespaß!
Mit diesen Nähprojekten können Sie jeder Spritzwassergefahr trotzen. Dem Wachstuchstoff kann Wasser nun mal nichts anhaben und das Badezimmer kleidet er einfach besonders gut.

Savon de
Marseille
PUR
VEGETAL
Fleur de Lotus

ZAHNBÜRSTE AUF REISEN

Kulturtäschchen

Größe: ca. 19 x 29 cm · **Schwierigkeit:** mittel · **Vorlage** 11 auf Bogen A

Material

- 25 x 45 cm Wachstuch in Anthrazit mit grauen Punkten (A)
- 25 x 30 cm Wachstuch in Weiß mit grauen Tropfen
- 50 x 45 cm Wachstuch in Mint mit weißen Kachelmustern
- 6 x 12 cm Wachstuch in Mint mit weißen Pünktchen (B)
- 3 x 7 cm Wachstuch in Mint mit anthrazitfarbenen Blättern (C)
- 3 x 5 cm Wachstuch in Grau mit weißen Punkten (D)
- 5 x 17 cm Wachstuch in Türkis mit weißen Sternen (E)
- 145 cm Paspelband in Grau-Weiß kariert
- 1 Kunststoff-Druckknopf, 12 mm Ø in Türkis
- Werkzeug für den Druckknopf
- 10 x 20 cm doppelseitig aufbügelbares Klebevlies

Zuschneiden

1 cm breite Nahtzugaben sind in den Zuschnittmaßen bereits enthalten.

Aus Wachstuch in Anthrazit mit grauen Punkten:

Rückseite & Klappe	1 Rechteck: 20,5 x 39 (Außenseite)

Aus Wachstuch in Weiß mit grauen Tropfen:

Vorderseite	1 Rechteck: 20,5 x 25 cm (Außenseite)

Aus Wachstuch in Mint mit weißen Kachelmustern:

Rückseite & Klappe	1 Rechteck: 20,5 x 39 (Innenseite)
Vorderseite	1 Rechteck: 20,5 x 25 cm (Innenseite)

So geht's

1. Für die Applikation die einzelnen Motivteile vom Bogen auf die Papierschicht des Klebevlieses pausen und grob ausschneiden. Dann die Klebevliesteile auf die linke Stoffseite der auf den Vorlagen angegebenen Stoffe bügeln, Motive exakt ausschneiden. Die Motive in der nummerierten Reihenfolge auf die äußere Vorderseite legen, aufbügeln (Bügeltuch!) und knappkantig mit Geradstichen applizieren. Die Linien am Tubendeckel sowie die Borsten laut Vorlagen aufsteppen.
2. 20,5 cm Paspelband abschneiden und rechts auf rechts an die obere Schmalseite (= Eingriffkante) der äußeren Vorderseite heften. Das entsprechende Innenteil rechts auf rechts obenauf legen. Die Lagen an der oberen Kante zusammennähen. Vorderseiten-Teile links auf links wenden, Eingriffkante flach bügeln.
3. Paspelband rechts auf rechts an die Außenkanten des Rechtecks für die äußere Rückseite & Klappe heften. Das Vorderseitenteil rechts auf rechts, bündig mit der unteren Schmalseite und den Längsseiten auf das Teil legen. Anschließend das Rechteck für die innere Rückseite & Klappe rechts auf rechts obenauf legen. Die Lagen rundum zusammennähen, dabei an der unteren Schmalseite mittig eine ca. 8 cm breite Wendeöffnung lassen.
4. Die Tasche wenden. An der Wendeöffnung die Nahtzugaben nach links einschlagen, die Öffnung im Nahtschatten der Paspel schließen.
5. An der Klappenkante mittig, im Abstand von 1 cm zum Rand das Druckknopf-Oberteil einschlagen. Die Klappe 8,5 cm breit nach vorn umschlagen und passend zum Oberteil das Druckknopf-Unterteil an der Taschen-Vorderseite befestigen.

Tipp

Achtung beim Bügeln!
Die beschichtete Stoffseite immer mit einem Bügeltuch abdecken!

DONTODENT

nass
60

LUSTIGER WASSERSPASS!

Duschvorhang

Größe: 140 x 220 cm · **Schwierigkeit:** mittel · **Vorlage** 12 auf Bogen A

Material

- 225 x 140 cm Wachstuch in Weiß mit grauen Blattmotiven
- 12 x 48 cm Wachstuch in Mint mit weißen Blattmotiven (A)
- 15 x 140 cm Wachstuch in Anthrazit mit grauen Punkten (B)
- 142 cm vorgefalztes Baumwollschrägband in Türkis, 1 cm fertige Breite
- 30 x 90 cm doppelseitig aufbügelbares Klebevlies
- ca. 10 Befestigungselemente für einen Duschvorhang, z. B. Klipse mit Ringen oder Ösen & Ringe

Zuschneiden

10 cm breite Saumzugaben sind im Zuschnittmaß bereits enthalten.

Aus Wachstuch in Weiß mit grauen Blattmotiven:

Vorhang 1 Rechteck: 140 x 220 cm

So geht's

1 Am Vorhang-Rechteck die Schmalkanten je 10 cm breit nach links falten und knappkantig feststeppen.

2 Das Schrägband einmal auffalten (= 2 cm breit) und am unteren Saum von rechts mittig auf die Naht steppen, die Schrägbandschmalseiten dabei 1 cm breit nach links einschlagen.

3 Für die Applikationen die Buchstaben „nass" je 1x und den Tropfen 18x vom Bogen auf die Papierschicht des Klebevlieses pausen. Die Teile jeweils grob ausschneiden. Dann die Klebevliesteile auf die linke Stoffseite der auf den Vorlagen angegebenen Stoffe bügeln, Motive exakt ausschneiden. Die Motive nach Wunsch auf die rechte Vorhangseite legen, aufbügeln (Bügeltuch!) und knappkantig mit Geradstichen applizieren.

4 Die Befestigungselemente gleichmäßig verteilt am oberen Vorhang-Rand anbringen.

TSCHÜSS WÄSCHECHAOS!

Wäschetonnen

Größe: 50 cm hoch, 40 cm Ø · **Schwierigkeit:** mittel · **Vorlage** 13 auf Bogen A

Material

- 55 x 140 cm Wachstuch in Mint mit dunkelrauen Blattmotiven
- 55 x 140 cm Wachstuch in Türkis mit weißen Punkten (C)
- 15 x 18 cm Wachstuch in Mint mit weißen Kachelmotiven (A)
- 55 x 140 cm Wachstuch in Weiß mit grauen Tropfen
- 55 x 140 cm Wachstuch in Mint mit weißen Pünktchen
- 15 x 18 cm Wachstuch in Türkis mit weißen Sternen (B)
- 55 x 140 cm Wachstuch in Schwarz mit weißen Tropfen
- 55 x 140 cm Wachstuch in Mint mit weißen Punkten
- 50 x 140 cm Wachstuch in Schwarz mit mintfarbenen Punkten
- 210 cm Taschengurtband in Grau, 32 mm breit
- 10 x 90 cm doppelseitig aufbügelbares Klebevlies
- 130 cm vorgefalztes Baumwollschrägband in Grau, 1 cm fertige Breite
- 160 cm vorgefalztes Baumwollschrägband in Türkis, 1 cm fertige Breite
- 3 Kunststoff-Druckknöpfe, 12 mm Ø in Türkis
- Werkzeug für die Druckknöpfe

Zuschneiden

1 cm breite Nahtzugaben sind im Schnittteil und in den Zuschnittmaßen bereits enthalten.

Für die 30° Tonne:

Aus Wachstuch in Mint mit dunkelrauen Blattmotiven:
Rand 1 Rechteck: 131 x 51 cm (Außenseite)

Aus Wachstuch in Türkis mit weißen Punkten:
Rand 1 Rechteck: 131 x 51 cm (Innenseite)

Für die 40° Tonne:

Aus Wachstuch in Weiß mit grauen Tropfen:
Rand 1 Rechteck: 131 x 51 cm (Außenseite)

Aus Wachstuch in Mint mit weißen Pünktchen:
Rand 1 Rechteck: 131 x 51 cm (Innenseite)

Für die 60° Tonne:

Aus Wachstuch in Schwarz mit weißen Tropfen:
Rand 1 Rechteck: 131 x 51 cm (Außenseite)

Aus Wachstuch in Mint mit weißen Punkten:
Rand 1 Rechteck: 131 x 51 cm (Innenseite)

Für alle drei Tonnen:

Aus Wachstuch in Schwarz mit mintfarbenen Punkten:
Boden 3x im Stoffbruch

So geht's

Pro Tonne:

1 Für die Applikation die gewünschten Zahlen je 1x vom Bogen auf die Papierschicht des Klebevlieses pausen und jeweils grob ausschneiden. Dann die Klebevliesteile auf die linke Stoffseite der auf den Vorlagen angegebenen Stoffe bügeln, Zahlen exakt ausschneiden. Die Zahlen mittig auf das Außenseiten-Rechteck legen, aufbügeln (Bügeltuch!) und knappkantig mit Geradstichen applizieren.

2 Rechts oben neben der applizierten Zahl einen Druckknopf als „Grad Celsius"-Zeichen einstanzen.

3 Das Außenseiten-Rechteck an den Schmalseiten rechts auf rechts zusammennähen.

4 Das Innenseiten-Rechteck ebenso zusammennähen und wenden.

5 Die Innenseite links auf links über die Außenseite ziehen = gesamter Rand-Ring. Jeweils die oberen und die unteren Kanten beider Teile zusammenheften.

6 Die Außenkante des Bodens in gleichgroße Abschnitte einteilen: Dafür den Kreis zunächst zur Hälfte falten und an der Bruchkante auf beiden Seiten eine Stecknadel stecken. Dann den Kreis wieder auffalten, in der anderen Richtung zur Hälfte falten – die Stecknadeln treffen aufeinander – und wiederum an der Bruchkante auf beiden Seiten eine Stecknadel stecken.

7 Die Unterkante des Rand-Rings ebenfalls in gleichgroße Abschnitte einteilen.

8 Den Boden rechts auf rechts an die Unterkante des Rand-Rings legen, sodass die Markierungen für die Viertelstrecken aufeinander treffen. Den Stoff zwischen den Stecknadeln gleichmäßig verteilt feststecken. Boden annähen.

9 Für die Griffe zwei 35 cm lange Stücke Gurtband abschneiden. An der Oberkante des Rand-Rings die Seiten markieren. Die Schmalkanten eines Gurtbandstreifens im Abstand von je 5 cm zu den Seitenmarkierungen von außen an die Oberkante heften.

10 Die Oberkante mit 130 cm Schrägband einfassen, das Schrägbandende dabei 1 cm breit nach links eingeschlagen festnähen.

60
40

30

KINDERTRÄUME

Der Stoff aus dem Kinderträume gemacht sind? Na Wachstuch natürlich! Matsch, Regen, Wasserpfützen und Babybrei, alles kein Problem für den beschichteten Stoff. Einmal drüberwischen und schon können die Kleinen weiter Kind sein.

FÜR KLECKERMÄULCHEN

Lätzchen

Größe: 29 x 33 cm · **Schwierigkeit:** anspruchsvoll · **Vorlagen** 14a–14f auf Bogen A

Material

- 35 x 60 cm Wachstuch in Hellblau mit weißen Punkten
- 10 x 25 cm beschichteter Baumwollstoff in Grün mit weißen Sternen
- 15 x 22 cm beschichteter Baumwollstoff in Rot mit weißen Punkten
- 15 x 22 cm beschichteter Baumwollstoff in Taupe mit weißen Punkten
- 15 x 15 cm beschichteter Baumwollstoff in Braun mit weißen Punkten (A)
- 5 x 6 cm beschichteter Baumwollstoff in Grau mit weißen Punkten (B)
- 8 x 13 cm beschichteter Baumwollstoff in Rosa mit weißen Sternen (C)
- ca. 150 cm vorgefalztes Baumwollschrägband in Rot-Weiß kariert, 1 cm fertige Breite
- 15 x 25 cm doppelseitig aufbügelbares Klebevlies
- je 1 Kunststoff-Druckknopf, 12 mm Ø in Pink und Schwarz
- Werkzeug für die Druckknöpfe

Zuschneiden

1 cm breite Nahtzugaben sind in den Schnittteilen 14a–14c bereits enthalten.

Aus Wachstuch in Hellblau mit weißen Punkten:

Lätzchen	1x und 1x gegengleich

Aus Baumwollstoff in Grün mit weißen Sternen:

Verschlusslasche	1x und 1x gegengleich

Aus Baumwollstoff in Rot mit weißen Punkten:

Ohr	1x und 1x gegengleich

Aus Baumwollstoff in Taupe mit weißen Punkten:

Ohr	1x und 1x gegengleich

So geht's

1 Für die Vorderseite die Verschlusslasche laut Passzeichen an das Lätzchen nähen, Nahtzugaben in die Verschlusslasche bügeln. (Bügeltuch!) Für die Rückseite die gegengleichen Teile genauso zusammennähen, Nahtzugaben hier in das Lätzchen bügeln.

2 Für die Applikationen die Motive 14d–14f je 1x vom Bogen auf die Papierschicht des Klebevlieses pausen und jeweils grob ausschneiden. Dann die Klebevliesteile auf die linke Stoffseite der auf den Vorlagen angegebenen Stoffe bügeln, Motive exakt ausschneiden.
Die Teile auf die Lätzchen-Vorderseite legen, aufbügeln und mit großen Zickzackstichen applizieren.
Die Nase zusätzlich knappkantig mit Geradstichen in Schwarz umnähen, dabei fortlaufend die Linien für die Schnauze steppen.
Für die Augen je eine Druckknopfhälfte einstanzen.

3 Lätzchen-Vorderseite und Lätzchen-Rückseite links auf links legen, die Außenkanten zusammenheften. Dann die Außenkanten rundum mit dem Schrägband einfassen, das Schrägbandende dabei 1 cm breit nach links eingeschlagen festnähen.

4 Zweimal je ein Ohrteil in Taupe mit weißen Punkten und ein Ohrteil in Rot mit weißen Punkten rechts auf rechts legen und an den gerundeten Kanten zusammennähen. Nahtzugaben zurückschneiden.
Ohren wenden. Die Nahtzugaben an der Wendeöffnung nach links einschlagen.

5 Die Ohren mit der geraden Kante laut Schnittmarkierungen, mit der rot-weißen Seite nach unten zeigend, auf das Lätzchen legen und mit Zickzackstichen feststeppen.

Tipp

Achtung beim Bügeln!
Die beschichtete Stoffseite immer mit einem Bügeltuch abdecken!

WORKSHOP NÄHEN

Schnittteile anfertigen

- Die Schnittteile vom Bogen kopieren oder auf Transparentpapier pausen, dabei alle Markierungen übertragen. Schnittteile entlang der Außenkontur ausschneiden.

Rechte und linke Stoffseite

- Jeder Stoff hat eine rechte und eine linke Stoffseite. Die rechte Seite ist die „Schauseite" des Stoffs. Wenn es also heißt „Stoffteile rechts auf rechts aufeinander legen", zeigen die rechten Schauseiten nach innen und die linken Seiten nach außen.

Stoffbruch

- Soll ein Teil im Stoffbruch zugeschnitten werden, dafür ein ausreichend großes Stoffstück rechts auf rechts falten – die Faltkante wird als Stoffbruch bezeichnet – und die entsprechende Kante des Schnittteils genau an die gefaltete Stoffkante legen. Dann gleichzeitig durch beide Lagen schneiden. Ein seitenrichtiges und ein gegengleiches Teil lassen sich in einem Arbeitsschritt zuschneiden, indem das Schnittteil auf den rechts auf rechts doppelt gelegten Stoff gezeichnet wird. Dann gleichzeitig durch beide Lagen schneiden.

Nahtzugabe

- Stoffteile werden mit einem gewissen Abstand zu den Schnittkanten, der so genannten „Nahtzugabe" zusammengenäht. Die Nahtzugaben sind in Schnittteilen und Zuschnittmaßen bereits enthalten. Falls nicht anders angegeben, sind sie 1 cm breit.

Nähte sichern/verriegeln

- Eine Nähmaschinennaht muss am Anfang und Ende vernäht, also „verriegelt" werden, sonst löst sie sich auf. Am Nahtbeginn drei bis vier Stiche vorwärts, dann rückwärts und anschließend wieder vorwärts nähen. Am Nahtende gegengleich verfahren.

Verstürzen

- Zwei Stofflagen (bzw. ein seitenrichtiges und ein gegengleiches Teil) rechts auf rechts aufeinander legen und zusammennähen, dabei ein Stück der Naht zum Wenden geöffnet lassen. Nahtanfang und -ende der Wendeöffnung sichern. Nahtzugaben (außer an der Wendeöffnung) zurückschneiden, sodass 5 mm (bei kleinen Teilen) – 7 mm (bei großen Teilen) stehen bleiben. An Außenecken die Spitzen flach abschneiden, Innenecken bis kurz vor die Naht einschneiden. Außenrundungen mehrfach quer bis kurz vor die Naht einschneiden. Bei Innenrundungen kleine Keile bis kurz vor die Naht herausschneiden. Das Teil wenden, Nähte und Ecken sorgfältig herausarbeiten.

BÄRENSTARK BEI JEDEM WETTER

Regenhülle für Kinderrucksack

Größe: ca. 30 x 38 cm · **Schwierigkeit:** anspruchsvoll · **Vorlagen** 15a–15g auf Bogen B

Material

- 65 x 75 cm Wachstuch in Rot mit weißen Sternen
- 25 x 105 cm beschichteter Baumwollstoff in Grün mit weißen Sternen (D)
- 20 x 30 cm Wachstuch in Hellblau mit weißen Punkten (E)
- 10 x 30 cm beschichteter Baumwollstoff in Taupe mit weißen Punkten (A)
- 5 x 4 cm beschichteter Baumwollstoff in Grau mit weißen Punkten (B)
- 8 x 8 cm beschichteter Baumwollstoff in Rosa mit weißen Sternen (C)
- 20 x 55 cm doppelseitig aufbügelbares Klebevlies
- 1 Kunststoff-Druckknopf, 12 mm Ø in Schwarz
- Werkzeug für den Druckknopf
- ca. 80 cm Gummiband, 15 mm breit

Zuschneiden

1 cm breite Nahtzugaben sind in den Schnittteilen sowie dem Zuschnittmaß bereits enthalten.

Aus Wachstuch in Rot mit weißen Sternen:

Regenhülle	1x in den Stoffbrüchen

Aus Baumwollstoff in Grün mit weißen Sternen:

Ohr	4x
Gummibandtunnel	2 Streifen: 5 x 100 cm

So geht's

1 Für die Applikationen die Motive 15c und 15d je 2x, die Motive 15e–15g je 1x vom Bogen auf die Papierschicht des Klebevlieses pausen und jeweils grob ausschneiden. Dann die Klebevliesteile auf die linke Stoffseite der auf den Vorlagen angegebenen Stoffe bügeln, Motive exakt ausschneiden. Die Teile im Abstand von ca. 2,5 cm zum markierten unteren Rucksackrand auf die Regenhülle legen, aufbügeln (Bügeltuch!) und mit großen Zickzackstichen applizieren. Außerdem zweimal je ein Innenohr auf ein Ohrteil applizieren. Die Innenohren, die Augen und die Nase zusätzlich knappkantig mit Geradstichen in Schwarz absteppen, dabei an der Nase fortlaufend die Linien für die Schnauze steppen. Für die Pupillen je eine Druckknopfhälfte einstanzen.

2 Zweimal je ein Ohrteil mit appliziertem Innenohr und ein Ohrteil ohne Innenohr rechts auf rechts legen und an den gerundeten Kanten zusammennähen. Nahtzugaben zurückschneiden. Ohren wenden. Die Nahtzugaben an der Wendeöffnung nach links einschlagen.

3 Die Ohren mit der geraden Kante laut Schnittmarkierungen auf den Kopf legen und mit Zickzackstichen feststeppen. Zusätzlich die angenähten Kanten mit Geradstichen in Schwarz knappkantig absteppen.

4 Für den Gummibandtunnel die Streifen an einer Schmalseite nebeneinander zusammennähen. An einer Streifen-Schmalseite die Kante 1 cm breit nach links einschlagen, dann den Streifen an den Längskanten links auf links zur Hälfte legen.

5 Tunnelstreifen mit den offenen Längskanten rechts auf rechts an die Außenkante der Regenhülle stecken, dabei mit der eingeschlagenen Kante an der unteren Mitte der Regenhülle beginnen. Streifen rundum annähen. Ca. 10 cm vor der unteren Mitte die Naht stoppen. Den Tunnelstreifen so kürzen, dass die 2. Streifen-Schmalseite bei eingeschlagener Kante stoßkantig an die zuerst angenähte Streifen-Schmalkante trifft. Naht beenden.

6 Das Gummiband in den Tunnel einziehen. Die Regenhülle über den Rucksack ziehen, das Gummiband so anziehen, dass die Hülle fest sitzt, sich aber noch abziehen lässt. Regenhülle nochmals entfernen und die Gummibandenden in der entsprechenden Länge zusammennähen.

WASSERSCHEU? KEINE SPUR!

Regencape

Größe: Kleidergröße 110 · **Schwierigkeit:** anpruchsvoll · **Vorlagen** 16a–16m auf Bogen B

Material

- 100 x 140 cm beschichteter Baumwollstoff in Taupe mit weißen Punkten
- 100 x 140 cm beschichteter Baumwollstoff in Rot mit rosafarbenen Punkten
- 25 x 40 cm beschichteter Baumwollstoff in Grün mit weißen Sternen (A)
- 20 x 60 cm beschichteter Baumwollstoff in Rosa mit weißen Sternen (C)
- 6 x 10 cm beschichteter Baumwollstoff in Rot mit weißen Punkten (E)
- 10 x 22 cm beschichteter Baumwollstoff in Grau mit weißen Punkten (B)
- 18 x 40 cm Wachstuch in Hellblau mit weißen Punkten (D)
- 30 cm vorgefalztes Baumwollschrägband in Rot-Weiß kariert, 1 cm fertige Breite
- 25 x 65 cm doppelseitig aufbügelbares Klebevlies
- 1 Kunststoff-Druckknopf, 12 mm Ø in Schwarz
- 2 Kunststoff-Druckknöpfe, 12 mm Ø in Rot
- Werkzeug für die Druckknöpfe

Zuschneiden

1 cm breite Nahtzugaben sind in den Schnittteilen bereits enthalten.

Aus Baumwollstoff in Taupe mit weißen Punkten:

Vorderteil	1x und 1x gegengleich (Außenseite)
Rückenteil	1x im Stoffbruch (Außenseite)
Kapuze	1x und 1x gegengleich (Außenseite)

Aus Baumwollstoff in Rot mit rosafarbenen Punkten:

Vorderteil	1x und 1x gegengleich (Innenseite)
Rückenteil	1x im Stoffbruch (Innenseite)
Kapuze	1x und 1x gegengleich (Innenseite)

Aus Baumwollstoff in Grün mit weißen Sternen:

Ohr	2x

Aus Baumwollstoff in Rosa mit weißen Sternen:

Ohr	2x
Tasche	2x (Innenseite)

Aus Wachstuch in Hellblau mit weißen Punkten:

Tasche	2x (Außenseite)

So geht's

1 Für die Applikationen die Motive 16f 6x, 16g 2x und 16h–16m je 1x vom Bogen auf die Papierschicht des Klebevlieses pausen und jeweils grob ausschneiden. Dann die Klebevliesteile auf die linke Stoffseite der auf den Vorlagen angegebenen Stoffe bügeln, (Bügeltuch!) Motive exakt ausschneiden.
Die Tatzenteile auf die Taschen-Außenseiten, die Katzenkopfteile am unteren Rand mittig auf das Rückenteil der Cape-Außenseite legen, aufbügeln und mit großen Zickzackstichen applizieren.
Die Tatzenballen, die Ohren und die Nase zusätzlich knappkantig mit Geradstichen in Schwarz absteppen, dabei fortlaufend die Linien für die Schnauze steppen.
Schnurrbarthaare mit Geradstichen aufsteppen.
Für die Augen je eine schwarze Druckknopf-Hälfte einstanzen.

2 Zweimal je ein Außen-Taschenteil mit applizierter Tatze und ein Innen-Taschenteil rechts auf rechts legen und bis auf die Wendeöffnung zusammennähen. Nahtzugaben zurückschneiden. Tasche wenden. Die obere Kante mit Schrägband einfassen, Schrägbandanfang- und ende dabei 1 cm breit nach links eingeschlagen festnähen.

3 Taschen auf die Vorderseiten der Cape-Außenseite steppen.

4 Zweimal je zwei verschiedenfarbige Ohrteile rechts auf rechts legen und bis auf die Wendeöffnung zusammennähen. Nahtzugaben zurückschneiden. Ohren wenden.

5 Die Ohren jeweils mit den offenen Kanten laut Schnittmarkierung rechts auf rechts an die Kapuzenteile der Außenseite heften. Kapuzenteile rechts auf rechts legen und die Kapuzenmittelnaht schließen.

6 Die Kapuzenteile der Innenseite genauso zusammennähen. Außen- und Innen-Kapuze rechts auf rechts legen und die vorderen Kanten zusammennähen. Kapuzen links auf links wenden. Die vorderen Kanten flach bügeln. Die unteren Ränder (= Halsrand) offenkantig aufeinander heften.

7 Vorder- und Rückenteile der Cape-Außenseite rechts auf rechts legen. Schulternähte schließen. Die Teile der Cape-Innenseite ebenso vorbereiten, dabei an einer Schulternaht eine ca. 10 cm Wendeöffnung lassen.

8 Die Kapuze mit dem offenen Halsrand rechts auf rechts an den Halsrand der Cape-Außenseite legen, evtl. anheften. Die Cape-Innenseite rechts auf rechts obenauf legen. Capekanten rundum zusammennähen. Nahtzugaben zurückschneiden. Cape wenden. Nahtzugaben an der Wendeöffnung nach links einschlagen. Die Wendeöffnung knappkantig absteppen.

9 Die roten Druckknöpfe laut Schnittmarkierung am Über- und Untertritt der vorderen Kante einstanzen.

SCHREIBTISCH-HÜTER

Schicke Muster! Diese Schreibtisch-utensilien sind wirklich schön anzusehen und bringen einen auf gute Ideen am Arbeitsplatz. Da kann also gar nichts mehr schiefgehen. Alles ist an seinem Platz und hübsch verpackt.

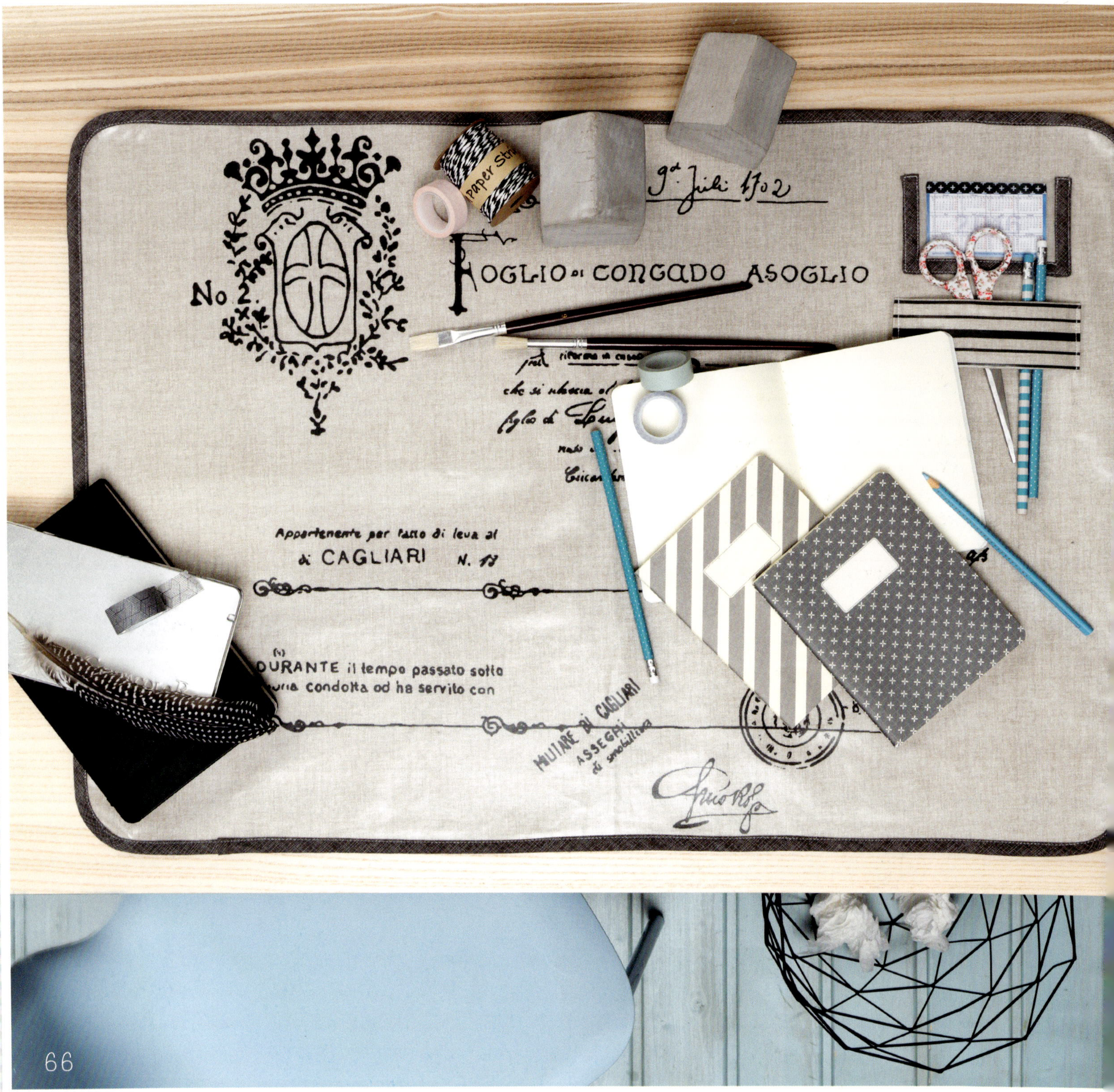
No 2
FOGLIO CONGADO ASOGLIO
di CAGLIARI N. 17
DURANTE il tempo passato sotto
condotta od ha servito con

ROMANTISCHER PLATZHÜTER

Schreibunterlage

Größe: 76 x 54 cm · **Schwierigkeit:** einfach · **Vorlage** 17 auf Bogen B

Material

- 60 x 80 cm Wachstuch in Beige mit nostalgischem Druck
- 15 x 20 cm Wachstuch in Beige mit schwarzen Streifen
- 60 x 80 cm passender Baumwollstoff für die Rückseite
- 290 cm vorgefalztes Baumwollschrägband in Grau, 1 cm fertige Breite
- 12 x 7 cm transparente Folie, z. B. von einer Klarsichthülle

Zuschneiden

1 cm breite Nahtzugaben sind in den Zuschnittmaßen bereits enthalten.

Aus Wachstuch in Beige mit nostalgischem Druck:

Vorderseite	Rechteck: 76 x 54 cm, die Ecken mit Hilfe der Schablone abrunden

Aus Wachstuch in Beige mit schwarzen Streifen:

Lasche	1 Streifen: 12 x 15 cm

Aus transparenter Folie:

Kalenderfach	1 Rechteck: 12 x 7 cm

Aus Baumwollstoff:

Rückseite	1 Rechteck: 76 x 54 cm, die Ecken mit Hilfe der Schablone abrunden

So geht's

1 Das Rechteck für das Kalenderfach an den Schmalseiten und einer Längsseite mit Schrägband einfassen: Hierfür das Schrägband aufgefaltet, rechts auf rechts (mit 1 cm Überstand zur oberen Kante) an die rechte schmale Kante der Klarsichtfolie legen. In der ersten Bügelfalz des Bandes bis 1 cm vor die untere Kante steppen (= Eckpunkt). Nahtende sichern. Das Schrägband zuerst am Eckpunkt im 45°-Winkel links auf links falten, dann im 90°-Winkel rechts auf rechts umfalten und an die folgende Stoffkante stecken. Das gesamte Nähgut um 90° nach links drehen. Nun an der Längsseite weiter steppen. Ebenso an der zweiten Ecke vorgehen. Das Schrägband nach der 2. Schmalseite mit 1 cm Überstand abschneiden. Schrägband an den oberen Kanten einschlagen, dann das Band um die Stoffkante herum klappen und die Bügelfalzen wieder einlegen, dabei an den Ecken diagonal einfalten.

2 Kalenderfach in der rechten oberen Ecke auf das Wachstuch legen und rundum die Schrägbandkanten (= außen und innen) knappkantig feststeppen.

3 Den Streifen für die Lasche an den Längsseiten rechts auf rechts falten. Die Längskanten zusammennähen, dabei mittig eine 6 cm breite Wendeöffnung lassen. Die Naht in die Längsmitte drehen, Streifen flach legen, Nahtzugaben auseinander legen und beidseitig die schmalen Kanten schließen. Nahtzugaben zurück schneiden, Ecken abschrägen und den Streifen wenden. Außenkanten flach bügeln. (Bügeltuch!)

4 Die Lasche unterhalb des Kalenderfachs auflegen und an den Schmalseiten knappkantig feststeppen.

5 Vorder- und Rückseite links auf links legen. Die Außenkanten mit Schrägband einfassen.

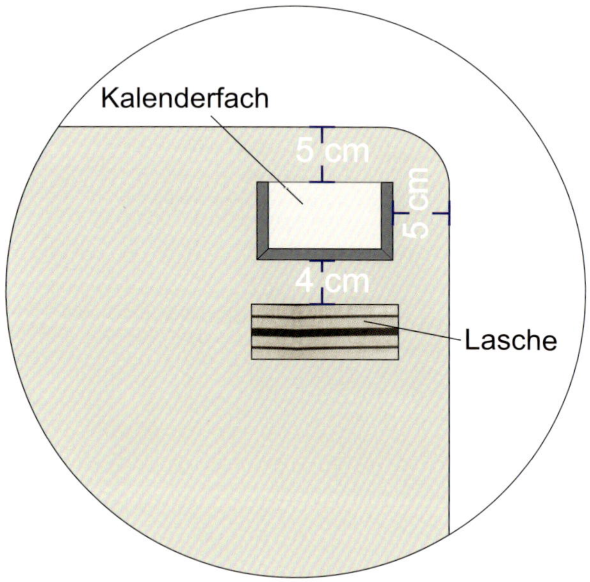

Tipp

An der Lasche können Sie auch prima einen kleinen Notizblock einhängen!

VINTAGE ZUM VERLIEBEN!

Klemmbretter

Größe: 21 x 30 cm · **Schwierigkeit:** einfach

Material

Für Klemmbrett A:

- 40 x 50 cm Wachstuch in Natur-Rosa mit Zweigen und Vogelkäfig
- 10 x 35 cm Wachstuch in Lachs mit weißen Punkten
- 18 cm Gummiband, 20 mm breit

Für Klemmbrett B:

- 40 x 50 cm Wachstuch in Natur-Rosa-Beige mit Streifenbordüre

Für Klemmbrett C:

- 40 x 50 cm Wachstuch in Lachs mit weißen Punkten
- ca. 30 cm Ziergummiband in Türkis, 10 mm breit

Pro Klemmbrett:

- 40 x 50 cm doppelseitiges Klebevlies
- 1 Sperrholzbrett, DIN A4
- 1 Metall-Briefklemmer

Zuschneiden

Aus Wachstuch in Natur-Rosa mit Zweigen und Vogelkäfig:

Vorderseite	1 Rechteck: 27 x 36 cm (Klemmbrett A)
Rückseite	1 Rechteck: 19 x 28 cm (Klemmbrett A)

Aus Wachstuch in Natur-Rosa-Beige mit Streifenbordüre:

Vorderseite	1 Rechteck: 27 x 36 cm (Klemmbrett B)
Rückseite	1 Rechteck: 19 x 28 cm (Klemmbrett B)

Aus Wachstuch in Lachs mit weißen Punkten:

Stiftlasche	1 Streifen: 6 x 32 cm (Klemmbrett A)
Vorderseite	1 Rechteck: 27 x 36 cm (Klemmbrett C)
Rückseite	1 Rechteck: 19 x 28 cm (Klemmbrett C)

Aus Klebevlies pro Klemmbrett:

Vorderseite	1 Rechteck: 27 x 36 cm
Rückseite	1 Rechteck: 19 x 28 cm

So geht's

Klemmbrett A in Natur-Rosa mit Zweigen und Vogelkäfig:

1 Wachstuch-Vorderseite mit dem entsprechenden Klebevlies-Rechteck unterbügeln. Papierschicht noch nicht abziehen.

2 Den Streifen für die Stiftlasche an den Längsseiten rechts auf rechts legen und zusammennähen. Streifen wenden, die Naht in die rückwärtige Mitte drehen. Das Gummiband in den Streifen einziehen. An einer Schmalseite das Gummiband und den Wachstuch-Schlauch zusammennähen. Schlauch über das Gummiband raffen und die 2. Schmalseite zusammennähen. Nun den Schlauch bei gedehntem Gummiband mit Zickzackstichen entlang der Längsmitte absteppen. Stiftlasche auf das Vorderseiten-Rechteck legen und senkrecht einige Stiftfächer nach Wunsch absteppen – dabei kann die Papierschicht des Klebevlieses unter dem Wachstuch bleiben.

3 Papierschicht abziehen, das Wachstuch mittig ausgerichtet auf die Holzplatte legen und festbügeln. (Bügeltuch!) (Vorsicht! Nur auf der Holzplatte bügeln, den überstehenden Stoff-Rand nicht erfassen.)

4 Die Holzplatte wenden. Die Wachstuch-Ecken im 45°-Winkel auf die Rückseite falten und festbügeln, dann die restlichen Kanten sauber umlegen und festbügeln.

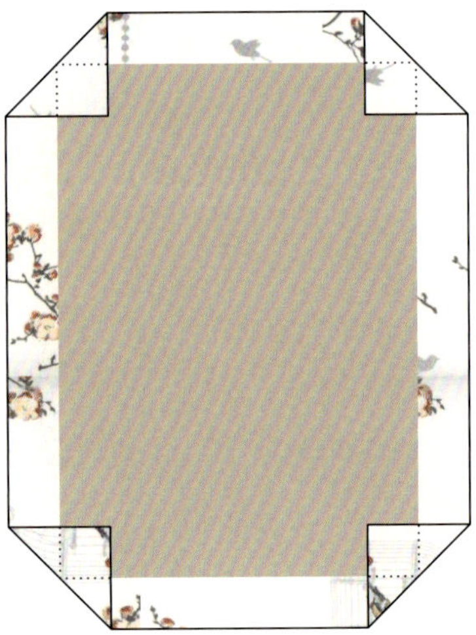

5 Das Wachstuch-Rechteck für die Rückseite mit dem entsprechenden Klebevlies-Rechteck bebügeln, Papierschicht abziehen, das Rechteck mittig ausgerichtet auf die Rückseite legen und festbügeln.

6 Holzplatte wenden. Briefklemme am oberen Rand festklemmen.

Klemmbrett B in Natur-Rosa-Beige mit Streifenbordüre

Wie das Klemmbrett A arbeiten, jedoch keine Stiftlasche annähen.

Klemmbrett C in Lach mit weißen Punkten:

Wie das Klemmbrett A arbeiten, jedoch keine Stiftlasche annähen. Das Gummiband von Hand zum Ring schließen und über das Klemmbrett ziehen.

ener Teelöffel Vanillezucker
1 Messerspitze Zimt
1 Teelöffel Honig
Nach Belieben: 1–2 Esslöffel Amaretto
Den Tee mit sprudelnd kochendem Wasser aufgießen und drei Minuten ziehen lassen. Den Apfelsaft erhitzen und zum fertigen Tee geben, zusammen mit dem Vanillezucker und dem Zimt. Mit Honig süßen. Ein kleiner Schuss Amaretto macht sich im Kuscheltee auch gut.

ORDNUNG FÜR KREATIVE!

Mäppchen mit Stiftklappe

Größe: ca. 22 x 11 x 6 cm · **Schwierigkeit:** anspruchsvoll · **Vorlagen** 19a–19c auf Bogen B

Material

- 25 x 100 cm Wachstuch in Weiß-Rosa-Blau mit Bordüren
- 25 x 35 cm beschichteter Baumwollstoff in Taupe mit weißen Punkten
- 25 x 100 cm Baumwollstoff in Rosa-Weiß kariert
- 25 x 30 cm stabile, aufbügelbare Einlage
- 21 cm Reißverschlussband (Meterware) und 1 Schieber
- 8 cm Knopfloch-Gummiband in Rosa, 20 mm breit
- 8 cm Webband in Rosa-Weiß, 20 mm breit
- 10 cm Webband in Türkis mit weißen Pünktchen, 10 mm breit
- 1 Perle in Pink

Zuschneiden

1 cm breite Nahtzugaben sind in den Schnittteilen und Zuschnittmaßen bereits enthalten.

Aus Wachstuch in Weiß-Rosa-Blau mit Bordüren:

Mäppchen	2x (Außentasche)
Klappe	1x (Außenseite)

Aus beschichtetem Baumwollstoff in Taupe mit weißen Punkten:

Klappe	1x (Innenseite)

Aus Baumwollstoff in Rosa-Weiß kariert:

Mäppchen	2x (Innentasche)
Stifttasche	1x
Reißverschlussbelege	4 Rechtecke: 3 x 4 cm
Knopfgummi-Griff	1 Streifen: 4 x 8 cm

Aus Einlage:

Klappe	1x ohne Nahtzugabe

So geht's

1 Die Einlage mittig auf die linke Stoffseite der Klappen-Innenseite aus Baumwolle in Taupe mit weißen Punkten bügeln.

2 Das Rechteck für die Stifttasche an den Längskanten links auf links legen, die Bruchkante bügeln. Stifttasche laut Schnittmarkierung auf die rechte Seite der Klappen-Innenseite legen. Die Linien für die Stiftfächer mit einem Markierstift aufzeichnen und absteppen. Das Knopfloch-Gummiband laut Schnittmarkierung auflegen und an die Nahtzugabe heften.

3 Die Klappen-Außenseite rechts auf rechts auf die Klappen-Innenseite mit Stiftfächern legen. Die Lagen an den Längsseiten und an der Schmalseite, an der das Gummiband ist, zusammennähen. Nahtzugaben zurückschneiden, an den Ecken abschrägen. Klappe wenden, Kanten flach bügeln.

4 Reißverschluss vorbereiten: Zuerst den Schieber aufziehen. Dafür den Reißverschluss zuerst an einer Seite ca. 5 cm weit öffnen. Am Anfang einer geöffneten Bandhälfte die Reißverschlusszähnchen (nicht das Band!) ca. 1 cm weit abschneiden. Beide Reißverschlusshälften mit den Bandenden so aneinander halten, dass der Stoff zu beiden Seite auf gleicher Höhe beginnt. Den Schieber mit der breiten Seite zuerst so weit auf das vollständige Band schieben, bis die Zähnchen der abgeschnittenen Bandseite ungefähr bündig mit der breitesten Stelle des Schiebers liegen. Dann die Zähnchen soweit es geht in den Schieber drücken, die Bandenden unterhalb des Schiebers festhalten und den Schieber weiter bis etwa zur Mitte auf den Reißverschluss ziehen.

5 Zwei Reißverschlussendstücke rechts auf rechts aufeinander legen. Den Reißverschluss mit einem Ende längs bis zur äußeren Schmalseite zwischen die Lagen schieben und die Lagen inkl. Reißverschluss an dieser Schmalseite 1 cm breit zusammensteppen. Stoffrechtecke, vom Reißverschluss weg, links auf links umlegen und die offenen Kanten evtl. zusammenheften. Das andere Reißverschlussende genauso versäubern.

6 Reißverschluss rechts auf rechts an den oberen Rand einer Mäppchen-Außenteils legen, dann ein Mäppchen-Innenteil mit dem oberen Rand rechts auf rechts obenauf legen. Die Lagen knapp neben den Reißverschlusszähnchen – am besten mit dem Reißverschlussfuß der Nähmaschine – zusammennähen. Die Lagen links auf links wenden. Stoffe vom Reißverschluss weg bügeln. Das 2. Außenteil und das 2. Innenteil genauso an die 2. Reißverschlusshälfte nähen.

7 Für die seitlichen Griffe die Webbänder jeweils zur Hälfte falten und laut Schnittmarkierungen mit den offenen Kanten an ein Mäppchen-Außenteil heften, die Schlaufenbruchkanten zeigen in das Mäppchenteil.

8 Die Stiftklappe mit der offenen Seite laut Schnittmarkierung links auf rechts an ein Mäppchen-Außenteil legen. Das 2. Mäppchen-Außenteil rechts auf rechts darüber legen (dabei die Stiftklappe etwas einfalten) und die Bodennaht schließen. Seitennähte schließen. Für die Bodentiefe zuerst an einer Seite die Ausschnitte auseinander ziehen, sodass Seiten- und Bodennaht rechts auf rechts aufeinander liegen und die offene Kante schließen. Auf der anderen Seite wiederholen.

9 Am Innenteil die Boden- und Seitennähte sowie die Ecken genauso nähen, dabei in der Bodennaht ca. 15 cm zum Wenden offen lassen.

10 Das Mäppchen wenden. Die Wendeöffnung schließen. Das Innenteil in das Außenteil stecken.

11 Knopfloch-Gummiband bis 2 cm vor das 1. Knopfloch nach der Klappenkante kürzen. Am Streifen für den Knopfloch-Gummiband-Griff die Nahtzugaben rundum nach links bügeln, dann den Streifen an den Schmalkanten zur Hälfte falten. Das offene Ende des Knopfloch-Gummibandes 1 cm weit zwischen den gefalteten Griff schieben. Griff rundum knappkantig absteppen.

12 Das Mäppchen schließen und die Stiftklappe nach vorne umschlagen. Passend zum Knopfloch die Perle annähen.

ZUBEHÖR UND MATERIAL

Grundmaterial

Folgende Dinge werden generell benötigt und sind in den Anleitungen nicht noch einmal gesondert aufgeführt:

- Nähmaschine & Zubehör
- Passendes Nähgarn
- Stoffschere oder Rollschneider mit Schneidematte & Lineal
- Patchwork Clips, große Büroklammern oder transparenter Klebestreifen (statt Stecknadeln)
- Textilkleber oder doppelseitiges Klebeband
- Nähmaschinennadeln (Stärke 65-70)
- Schnittmusterpapier & Stift
- Schneiderkreide oder selbstlöschender Markierstift
- Bügeleisen & Bügeltuch

Infos zu beschichteten Stoffen

Zuschneiden

- Bei beschichteten Stoffen können die Schnittteile nicht mit Stecknadeln aufgesteckt werden, da diese dauerhafte Löcher hinterlassen. Daher die Schnittteile auf die linke Stoffseite (= Gewebeseite) legen und die Kanten rundum, in nicht zu weiten Abständen mit kleinen Stücken transparenter Klebestreifen, großen Büroklammern oder Patchwork Clips (Binding Clips) fixieren.
- Die Schnittteilkonturen mit Bleistift oder Schneiderkreide auf die linke Stoffseite zeichnen. Falls es für das Schnittmuster oder die Stoffmusterverteilung notwendig ist, können Sie die Schnittteile in gleicher Weise auch auf die rechte Stoffseite (= Beschichtung) legen. Hierfür die Schnittteile dann stets inkl. Nahtzugabe vorbereiten und die Schnittteilkonturen mit einem Folienstift auf den entsprechenden Stoff übertragen. Prüfen Sie zuvor unbedingt, dass der Stift nicht verschmiert!
- Schnittmarkierungen können mit Hilfe von farbigem Schneider-Kopierpapier und einem **stumpfen** Bleistift auf die linke Stoffseite übertragen werden. Auf der rechten Stoffseite lassen sich mit Selbstklebe-Punkten (Bürobedarf) oder Klebestreifen Markierungen anbringen.

Nähen

- Die Kanten beschichteter Stoffteile nicht mit Stecknadeln zusammenstecken, da diese dauerhafte Löcher hinterlassen. Als Ersatz dafür bieten sich große Büroklammern, Quilt Clips, Haarklammern oder einfache Wäscheklammern an. Alternativ können Sie die Kanten auch mit transparenten Klebestreifen fixieren.
- Taschen, oder Teile die mittig in einem Stoffstück aufgenäht werden sollen, auf der Rückseite mit etwas Textilsprühkleber besprühen und aufkleben. Hierfür eignet sich auch ein normaler Klebestift oder doppelseitig aufbügelbares Klebevlies (hier beim Aufbügeln die Stoffe stets mit einem Bügeltuch abdecken, siehe Abschnitt Bügeln). Um Reißverschlüsse, Klett- oder Gurtband zu fixieren ist schmales, doppelseitiges Klebeband für Näharbeiten bestens geeignet.
- Zum Nähen eine dünne Nähmaschinennadel (65 – 70) verwenden und den Anpressdruck des Nähfußes so gering wie möglich einstellen. Die Stichlänge auf 3–4 mm oder länger einstellen. Bei einer zu kleinen Stichlänge kann der Stoff perforiert werden. Nähte möglichst nicht auftrennen, da die Nadeleinstiche sichtbar bleiben!

- Der normale Metallnähfuß bleibt gerne an der Stoffbeschichtung „kleben" und die Stofflagen verschieben sich beim Nähen gegeneinander. Verwenden Sie daher einen Teflonfuß, einen Rollenfuß für Lederarbeiten oder eine spezielle Transportplatte mit kleinen Transportzähnchen um einen gleichmäßigen Stofftransport gewährleisten. Einen normalen Nähfuß können Sie „pimpen" indem Sie Masking Tape oder Malerkreppband unter die Gleitsohle kleben.
- Falls keines dieser Zubehörteile zur Hand ist, ist es auch möglich die beschichtete Stoffoberseite an der Nählinie mit einem Streifen Seidenpapier abzudecken und darüber zu nähen. Anschließend das Papier vorsichtig wegreißen.
- Stoffkanten brauchen nicht versäubert werden, da beschichtete Stoffe nicht ausfransen. Für einen dekorativen Effekt kann die Stoffkante mit einer Zackenschere ausgezackt werden.

Bügeln

- Die meisten beschichteten Stoffe lassen sich problemlos von links mit mäßiger Hitze (Einstellung 2) bügeln. Testen Sie an Stoffresten die Empfindlichkeit Ihres Stoffes. Die beschichtete Oberfläche sollte natürlich keinesfalls in direkten Kontakt mit der Bügelsohle kommen, da die Beschichtung schmelzen kann. Daher immer ein Bügeltuch auflegen, wenn von der rechten Seite aus gebügelt wird!

Pflege und Aufbewahrung

- Beschichtete Stoffe zum Aufbewahren stets über eine Papprolle oder einen Stoffkarton rollen, damit sich keine dauerhaften Knickfalten bilden. Dabei zusätzlich evtl. Seidenpapier auf die Oberseite legen und dieses mit einrollen.
- Sollten Stoffstücke versehentlich doch einmal feste Knicke bekommen haben, können Sie versuchen, diese mit Hilfe eines Haartrockners zu entfernen. Dafür bei mittlerer Hitze mit etwas Abstand zum Stoff mit hin und her schwenkenden Bewegungen über die Knicke föhnen, bis diese sich glätten. Dann den Stoff liegend gut auskühlen lassen.
- Die meisten beschichteten Stoffe lassen sich problemlos bei 30°C (am besten mit Feinwaschmittel) waschen. Da die beschichteten Stoffe kaum Wasser aufnehmen können, brauchen sie nur leicht oder gar nicht geschleudert werden. Oberflächenschmutz kann mit einem Schwamm, warmen Wasser und milder Seife entfernt werden.

Impressum

Entwurf, Realisation und Stepfotos:
Ursula Prodinger (S. 8–11, 28–31, 68/69, 72–75),
Elke Reith (S. 12–23, 32–65, 70/71), Christa Rolf (S. 26/27)
Fotos: Uwe Bick (S. 24), Uli Glasemann (restliche Fotos)
Styling: Karin Schlag (S. 24), Elke Reith (restliche Fotos)
Redaktion: Angelika Klein, Judith Wiedemann
Lektorat: A. Reuß
Vorlagen: A. Reuß
Gesamtgestaltung und Satz: GrafikwerkFreiburg
Reproduktion: RTK & SRS mediagroup GmbH
Druck und Verarbeitung: Polygraf Print, Slowakei

ISBN 978-3-8410-6422-6
Art.-Nr. 6422

Hersteller/Bezugsquellen

- A.U. Maison, Hameln DK
  www.aumaison.dk
- Buttinette Textil-Versandhaus GmbH, Wertingen
  www. buttinette.com
- farbenmix GbR, Schortens
  www.farbenmix.de
- Freudenberg KG, Vertrieb Vlieseline, Weinheim
  www.vlieseline.de
- Gütermann GmbH, Gutach-Breisgau
  www. guetermann.com
- MEZ GmbH, Kenzingen
  www.mezcrafts.com
- Prym Consumer Europe GmbH, Stolberg
  www.prym-consumer.com
- Stoffe Brünink & Hemmers GmbH, Nordhorn
  www.stoffe-Hemmers.de
- Swafing GmhH, Nordhorn
  www.swafing.de
- Union Knopf GmbH, Bielefeld
  www.unionknopf.com

Kreativ-Service

Sie haben Fragen zu den Büchern und Materialien? Frau Erika Noll ist für Sie da und berät Sie rund um alle Kreativthemen. Rufen Sie an! Wir interessieren uns auch für Ihre eigenen Ideen und Anregungen. Sie erreichen Frau Noll per E-Mail: **mail@kreativ-service.info** oder Tel.: **+49 (0) 5052 / 91 18 58**

Besuchen Sie uns im Internet: **www.christophorus-verlag.de**